BEI GRIN MACHT SICH IHR WISSEN BEZAHLT

AF138420

- Wir veröffentlichen Ihre Hausarbeit, Bachelor- und Masterarbeit

- Ihr eigenes eBook und Buch - weltweit in allen wichtigen Shops

- Verdienen Sie an jedem Verkauf

Jetzt bei www.GRIN.com hochladen und kostenlos publizieren

Datenorganisation in Big Data. Das 5V-Modell unter Einbezug dynamischer AV-Daten

Bibliografische Information der Deutschen Nationalbibliothek:

Die Deutsche Nationalbibliothek verzeichnet diese Publikation in der Deutschen Nationalbibliografie; detaillierte bibliografische Daten sind im Internet über http://dnb.d-nb.de abrufbar.

ISBN: 9783346804235
Dieses Buch ist auch als E-Book erhältlich.

© GRIN Publishing GmbH
Nymphenburger Straße 86
80636 München

Druck und Bindung: Books on Demand GmbH, Norderstedt Germany
Gedruckt auf säurefreiem Papier aus verantwortungsvollen Quellen

Das Buch bei GRIN: https://www.grin.com/document/1322222

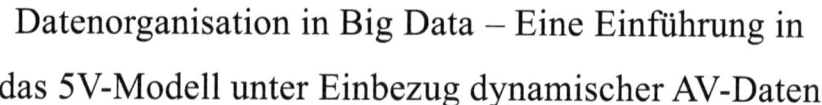

Datenorganisation in Big Data – Eine Einführung in das 5V-Modell unter Einbezug dynamischer AV-Daten

Seminararbeit

Gleichbehandlung der Geschlechter

In dieser Seminararbeit wird aus Gründen der besseren Lesbarkeit das generische Maskulinum verwendet. Weibliche und anderweitige Geschlechteridentitäten werden dabei ausdrücklich mitgemeint, soweit es für die Aussage erforderlich ist.

Inhaltsverzeichnis

Abbildungsverzeichnis

Abkürzungsverzeichnis

AV-Daten	audiovisuelle Daten
IBM	International Business Machines Corporation
IDC	International Data Corporation
IoT	Internet of Things
NoSQL	Not only Structured Query Language
SLA	Service Level Agreement
ZB	Zettabyte (1 ZB = 10^{21} Byte)

1 Einleitung

1.1 Problemstellung

Weltweit sind Unternehmen mit immer größer werdenden Datenmengen konfrontiert, mit denen sie jedoch nichts anzufangen wissen. Denn Big Data ist komplex und bringt unterschiedlichste Herausforderungen mit sich, welchen Datenanalysten in bisherigen IT-Projekten nicht in dieser Art und Weise begegnet sind. Diese Herausforderungen werden mit dem sogenannten 5V-Modell dargestellt und beschreiben, was beim Analysieren von Big Data zu beachten ist.

1.2 Zielsetzung

Im Rahmen der folgenden Seminararbeit sollen die einzelnen Elemente des 5V-Modells sowie die Herausforderungen, die sie mit sich bringen, erläutert werden. Zudem soll gezeigt werden, wie diese Herausforderungen in der Praxis zu bewältigen sind und inwiefern herkömmliche Ressourcen nicht dazu in der Lage wären, dies zu bewerkstelligen.

1.3 Vorgehensweise

Als Einstieg in die Erläuterung des 5V-Modells wird zuerst der Begriff Big Data definiert, wodurch der Grund für das Bestehen des Modells deutlich wird. Im Anschluss wird kurz dessen Entstehungsgeschichte vorgestellt und danach die einzelnen Bestandteile näher erläutert sowie ihre Herausforderungen anhand von Beispielen verdeutlicht. Zum Abschluss wird anhand des autonomen Fahrens die besondere Komplexität der Echtzeitverarbeitung von audiovisuellen Daten (AV-Daten) dargestellt.

2 Big Data Herausforderungen: Das 5V-Modell

2.1 Die Bedeutung von Big Data

Big Data ist ein nicht einheitlich zu definierender Begriff, der einerseits die großen Datenmengen beschreibt, welche bei Unternehmen oder anderen Organisationen dauerhaft aus digitalen Geschäftsprozessen entstehen.[1] Andererseits steht Big Data gleichzeitig auch für die Analysen und Auswertungen, die auf Grundlage dieser Daten durchgeführt werden und das Ziel haben, neues Wissen für das Unternehmen zu generieren und Vorhersagen für die Zukunft zu treffen.[2] Dabei gibt es meist keine eindeutige Fragestellung, welche mit den Analysen beantwortet werden soll. Vielmehr wird versucht, zufällig Muster in den Daten zu finden, welche später aus irgendeinem Grund einen Nutzen schaffen können.[3] Denn bei Big Data geht es nicht nur darum, über die Daten zu verfügen, stattdessen zählt das, was ein Unternehmen aus diesen Daten macht, also wie diese mit zugehörigen Informationen angereichert und zu neuen Aussagen verknüpft werden und welche Erkenntnisse zum Schluss aus ihnen gezogen werden.[4]

Eine einheitliche wissenschaftliche Definition konnte sich bisher nicht etablieren, da sich Big Data Analysen in der Art und Weise, wie sie gestaltet und durchgeführt werden, von Unternehmen zu Unternehmen stark unterscheiden.[5] Daher hat sich stattdessen ein Modell etabliert, welches die verschiedenen Eigenschaften bzw. Herausforderungen beschreibt, die Big Data aufweist bzw. vor die Big Data ein Unternehmen stellt. Dieses 5V-Modell soll nun im Folgenden näher erläutert werden.

---

[1] Vgl. Meier/ Kaufmann, 2016, S. 11f.
[2] Vgl. Bachmann et al., 2014, S. 17-19.
[3] Vgl. Bachmann et al., 2014, S. 25f.
[4] Vgl. Anweiler, 2015.
[5] Vgl. Adrian, 2011, S. 3.

2.2 Die Entstehung des 5V-Modells

Das hier vorgestellte 5V-Modell basiert auf dem ursprünglich von *Douglas Laney*[6] im Jahr 2001 entwickelten 3V-Modell. Dieses setzt sich aus den Vs *Volume, Velocity* und *Variety* zusammen.[7] Mit dem Aufstreben von Big Data wurde auch dieses Modell weiterentwickelt, sodass es zuerst von der International Business Machines Corporation (IBM) mit *Veracity* zum 4V-Modell ergänzt wurde.[8] Letztendlich hat die International Data Corporation (IDC) das 5V-Modell im Jahr 2011 mit *Value* vervollständigt.[9]

2.3 V1: Volume

Das erste V des Modells ist die namensgebende Eigenschaft von Big Data und steht für die immer größer werdenden Datenmengen, die gespeichert und verarbeitet werden müssen.[10] So ist in Abb. 1 ersichtlich, dass die jährlich weltweit generierte Datenmenge exponentiell ansteigt. Während im Jahr 2010 rund 2,5 Zettabyte (ZB) an Daten generiert wurden, wuchs diese Zahl 2016 auf über 16 ZB an. Für 2025 wird von der IDC bereits eine generierte Datenmenge von über 160 ZB vorhergesagt.[11]

---

[6] Vgl. Laney, o.J.
[7] Vgl. Laney, 2001, S. 1-3.
[8] Vgl. Gocollate Technologies, 2017; Vgl. Wuttke, o.J.
[9] Vgl. Gantz/ Reinsel, 2011, S. 6.
[10] Vgl. Bachmann et al., 2014, S. 24.
[11] Vgl. Reinsel et al., 2017, S. 3-7.

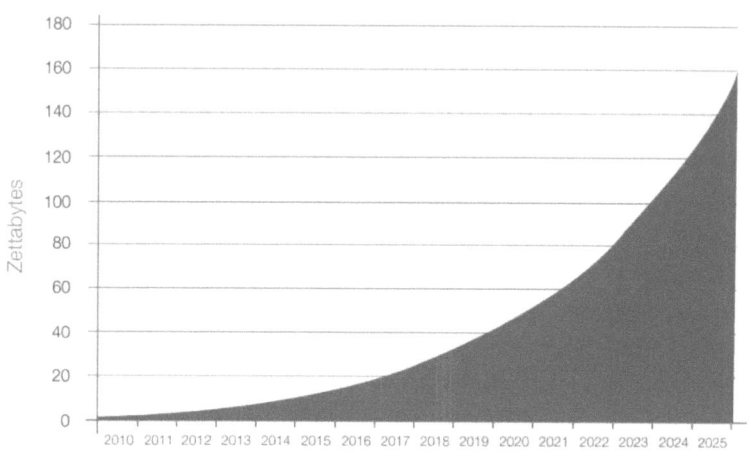

Abb. 1: Weltweit generierte Datenmenge pro Jahr[12]

Diese riesigen Datenvolumina stellen Unternehmen unter anderem vor zwei neue Herausforderungen. Die erste besteht darin, dass die Verarbeitung der großen Datenmengen nicht mehr mit herkömmlichen Speicher- und Analysetechniken bewerkstelligt werden kann.[13] So gehören z. B. relationale Datenbanken zu den am weitesten verbreiteten Datenbanktypen.[14] Diese arbeiten jedoch mit in Relation stehenden Tabellen, welche bei Datenabfragen zu Mengen verknüpft werden müssen. Dabei ergibt sich aus der Mengenlehre ein umso größerer Rechenaufwand, je größer der abgefragte Datenbestand ist.[15] Daher müssen Unternehmen, die mit Big Data arbeiten wollen, auf sogenannte Not only Structured Query Language (NoSQL-) Datenbanken umsteigen, welche effizienter mit großen Datenmengen arbeiten können.[16]

Die zweite Herausforderung, die aufgrund der großen Datenvolumina entsteht, ist die geringe Dichte an wertvollen Daten, aus denen ein Mehrwert für das Unternehmen generiert werden kann.[17] Denn ein logischer Nebeneffekt der dauerhaften Steigerung der Datenmenge ist, dass auch die Menge an wertlosen Daten steigt. Jedoch sind in diesen Datenbergen die wichtigen Informationen versteckt und müssen von den unwichtigen Daten getrennt werden. Dieses

---

[12] Reinsel et al., 2017, S. 7.
[13] Vgl. Wuttke, o.J.
[14] Vgl. Meier, 2018, S. 10f.
[15] Vgl. Lapp, 2017.
[16] Vgl. Meier, 2018, S. 11f.
[17] Vgl. Anweiler, 2015.

Herausfiltern der wichtigen Informationen lässt sich gut mit dem Goldwaschen vergleichen. So ist es die Aufgabe der Unternehmen, den wertlosen Sand in harter und aufwendiger Arbeit von dem Gold zu trennen. Wichtig ist dabei jedoch, dass an der richtigen Stelle gesucht wird, denn wo kein Gold liegt, kann auch keines gefunden werden.[18]

2.4 V2: Velocity

Das zweite V des Modells spiegelt die Geschwindigkeit der Daten wider. Diese muss auf zwei unterschiedliche Arten betrachtet werden.

Zum einen geht es um die Geschwindigkeit der Entstehung und der Verarbeitung der Daten. Denn in Zeiten des Internet of Things (IoT) entstehen die mit *Volume* beschriebenen Datenmengen automatisch und dauerhaft.[19] Das führt dazu, dass derartige Daten in Echtzeit verarbeitbar und analysierbar sein müssen. Doch auch hierzu sind herkömmliche Technologien, bei denen Daten auf Festplatten gespeichert werden, aufgrund zu langsamer Zugriffszeiten nicht in der Lage. Daher müssen Unternehmen zur Echtzeitanalyse von Daten auf In-Memory-Datenbanken umsteigen, welche die Daten direkt im Arbeitsspeicher vorhalten.[20] So können die Zugriffszeiten auf die Daten von mehreren Millisekunden auf wenige Nanosekunden reduziert werden.[21] Als Beispiel für derartige Echtzeitanalysen können Navigationssystem-Apps betrachtet werden, welche die Daten von allen angemeldeten Verkehrsteilnehmern verknüpfen, um so automatisiert Staus zu entdecken und jedem Nutzer einzeln in Echtzeit eine alternative Route vorzuschlagen. Dabei können z. B. die Größe des Fahrzeugs sowie durchschnittliche Auslastungen der einzelnen Ausweichrouten berücksichtigt werden, um den Nutzern passierbare Routen vorzuschlagen sowie zu vermeiden, dass jeder den Stau über dieselben Straßen umfährt und erneut Überlastungen entstehen.[22]

---

[18] Vgl. Reinfurt, 2021.
[19] Vgl. SAS, o.J.
[20] Vgl. Fasel/ Meier, 2016, S. 199-201.
[21] Vgl. ITWissen, o.J.
[22] Vgl. Bachmann et al., 2014, S. 205-207.

Zum anderen ändern sich aber auch die Daten und ihre Bedeutung in einer hohen Geschwindigkeit. Denn Analysen müssen interpretiert werden und dies kann je nach Blickwinkel zu unterschiedlichen Ergebnissen führen. So kann es auch passieren, dass ein Muster in den analysierten Daten erkannt wird, wodurch bisherige Annahmen verworfen werden müssen und eine neue Interpretation verwendet werden muss.[23] Ein Beispiel dafür sind Predictive-Maintenance-Lösungen, die mechanische Anlagen akustisch überwachen, um so künftige Ausfälle vorherzusagen.[24] So kann sich die Bedeutung eines bestimmten Geräusches mit der Zeit ändern, sollte man feststellen, dass dieses in der Vergangenheit mehrmals einem Defekt vorausgegangen ist.

2.5   V3: Variety

Mit dem letzten V des ursprünglichen 3V-Modells wird die Heterogenität der zu verarbeitenden Daten dargestellt. Dieses V ergänzt also die Überforderung, welche herkömmliche Analyseressourcen mit Big Data haben und die mit *Volume* und *Velocity* beschrieben wurden, um den Fakt, dass diese Mengen an Daten aus den unterschiedlichsten Quellen in verschiedenen Datentypen sowie als strukturierte, semi- und unstrukturierte Daten anfallen.[25]

Daraus entsteht die große Herausforderung, diese heterogenen Daten gemeinsam zu speichern, zu integrieren und zu analysieren. Doch auch das können relationale Datenbanken nicht bewältigen, da diese nur zum Verarbeiten von strukturierten Daten geeignet sind (folgen fest definierten Ordnungskriterien und liegen in Tabellenform vor).[26] Jedoch sind rund 80 bis 85 Prozent aller weltweiten Daten unstrukturiert.[27] Diese können nicht in Form von Tabellen gespeichert werden (z. B. Audio- oder Video-Dateien) und bedürfen einer Vorverarbeitung, um daraus Daten zu erhalten, die in Analysen verwendet werden können.[28]

---

[23] Vgl. Bachmann et al., 2014, S. 24-26.
[24] Vgl. DB Systel, 2018.
[25] Vgl. Laudon et al., 2016, S. 285f.; Vgl. SAS, o.J.
[26] Vgl. Bachmann et al., 2014, S. 26.
[27] Vgl. Gocollate Technologies, 2017.
[28] Vgl. Oracle, o.J.

Durch die Heterogenität der Daten besteht zudem das Problem, dass keine standardisierten Verfahren zur Aufbereitung der Daten existieren. Vielmehr muss ein Netzwerk aus Teillösungen mit vorbereitenden Verarbeitungsprozessen gebildet werden, welches die unterschiedlichen Strukturen der Daten harmonisiert. Erst wenn dies geschehen ist, können die Daten in eine Gesamtlösung integriert werden und Analysen stattfinden.[29]

Der entscheidende Vorteil unstrukturierter Daten liegt darin, dass diese im Gegensatz zu strukturierten Daten nicht in eine bestimmte Form gepresst werden müssen, wodurch sie ein wesentlich breiteres Spektrum an Informationen aufnehmen können, die jedoch erst durch Big Data Analysen erschlossen werden müssen und mit herkömmlichen Analysen nicht erschließbar wären.[30] Denn in Wirklichkeit existieren keine unstrukturierten Daten, sondern vielmehr nur Daten mit Strukturen auf unterschiedlichen Abstraktionsebenen, welche so harmonisiert werden müssen, dass sie miteinander verknüpft werden können. Hätten die Daten keine Struktur, wäre es auch nicht möglich, in irgendeiner Form Informationen aus diesen Daten zu ziehen.[31]

2.6   V4: Veracity

Mit der ersten Erweiterung des ursprünglichen Modells wurde die Richtigkeit bzw. Echtheit ergänzt, welche die Daten aufweisen müssen, um sinnvoll in Big Data Analysen verwendet werden zu können und aus ihnen neues sowie der Wahrheit entsprechendes Wissen zu generieren.[32] Auch hier gilt also die allgemein aus der Informatik bekannte Phrase *Garbage in, Garbage out*, was in diesem Zusammenhang so viel bedeutet wie: Die Qualität der Aussagen, die auf Grundlage der Analysen getroffen werden, kann nur so gut sein wie die Rohdaten, auf denen die Analysen basieren. Aus diesem Grund dürfen kein Aufwand und keine Kosten gescheut werden, um eine hohe Datenqualität sicherzustellen. Jeglicher Aufwand ist

---

[29] Vgl. Bachmann et al., 2014, S. 140 & S. 143f.
[30] Vgl. Semmelmann, o.J.
[31] Vgl. Bachmann et al., 2014, S. 149f.
[32] Vgl. Meier, 2018, S. 7.

angemessen, da alle Analysen und Entscheidungen hierauf basieren und eventuelle Fehlentscheidungen schwerwiegende Folgen haben können.[33]

Dieses Problem der Unklarheit über die Datenqualität entsteht vor allem durch die Menge an unterschiedlichen Datenquellen, die für Big Data Analysen herangezogen werden. Insbesondere sind hierbei zwei große Herausforderungen zu beachten. Einerseits geht es um das bereits bei *Variety* beschriebene Verknüpfen der Datenquellen. Andererseits muss vor allem bei externen Datenquellen eine hohe Datenqualität sichergestellt werden. Dazu müssen Service Level Agreements (SLAs) mit den Datenlieferanten geschlossen werden, in denen die Datenqualität genau festgelegt wird. Zusätzlich sollte die Qualität der letztendlich erhaltenen Daten auf Einhaltung dieser SLAs überprüft werden, um so gut wie möglich vermeiden zu können, dass inkonsistente Daten oder Daten, die nicht der Realität entsprechen, in die Analysen einbezogen werden.[34]

2.7 V5: Value

Das letzte V, das diesem Modell hinzugefügt wurde, steht für den Wert, den die Daten für das Unternehmen haben müssen. Denn letztendlich muss alles unternehmerische Handeln und dementsprechend auch das Durchführen von Big Data Analysen in irgendeiner Form einen Nutzen (z. B. durch Kosteneinsparung oder Verfahrensoptimierung) für das Unternehmen bieten.[35]

Dieser Wert muss sich auf zwei Wegen zeigen. Einerseits müssen die Daten selbst einen intrinsischen Wert besitzen, welcher nur mithilfe intensiver Big Data Analysen an die Oberfläche gebracht werden kann.[36] Andererseits müssen aber auch die Analysen einen Mehrwert für das Unternehmen generieren. Deshalb müssen sich Unternehmen, die Big Data analysieren wollen, über zwei Dinge im Klaren sein: Zum einen genügt das reine Betrachten

---

[33] Vgl. Bachmann et al., 2014, S. 159-161.
[34] Vgl. Bachmann et al., 2014, S. 145.
[35] Vgl. Fasel/ Meier, 2016, S. 6.
[36] Vgl. Oracle, o.J.

der Rohdaten beim Analysieren von Big Data nicht aus, da so im Prinzip nur an der Oberfläche der Daten gekratzt wird. Stattdessen muss, wie bei *Variety* beschrieben, versucht werden, die Daten miteinander in Verbindung zu bringen, um Muster in den Daten zu erkennen und neues Wissen zu generieren. Zum anderen ist das Analysieren von Big Data nicht für jedes Unternehmen sinnvoll. Aber um herauszufinden, ob in den vorhandenen Daten nützliches Wissen vergraben ist, müssen entsprechende Voranalysen durchgeführt werden. Auch hierfür dürfen, genau wie zum Sicherstellen einer hohen Datenqualität auf keinen Fall Kosten und Aufwände gescheut werden, da sich eventuelle Potenziale meist erst nach diesen Voranalysen zeigen, woraus dann unter Umständen ein Mehrwert generiert werden kann. Denn vor allem für die großen IT-Unternehmen dieser Welt gilt bereits heute, dass ihre Daten für sie Unternehmenskapital bzw. Rohstoffe sowie ein wichtiger Bestandteil ihres Geschäftsmodells geworden sind.[37]

---

[37] Vgl. Bachmann et al., 2014, S. 26 & S. 28.

3 Analyse dynamischer AV-Daten

3.1 Die Bedeutung dynamischer AV-Daten

Im Allgemeinen sind AV-Daten Bild- und/ oder Ton-Aufzeichnungen.[38] In Bezug auf Big Data werden dynamische AV-Daten zur gleichen Zeit, zu der sie entstehen, auch verarbeitet und analysiert werden. Dynamische AV-Daten müssen daher vor allem bei Echtzeit Anwendungen verarbeitet werden, wo es essenziell ist, dass so schnell wie möglich auf die entstandenen Daten reagiert werden kann.

Die Herausforderungen des Analysierens dynamischer AV-Daten spiegeln die Eigenschaften von Big Data und somit des 5V-Modells wider und sollen im folgenden Abschnitt am Beispiel des autonomen Fahrens verdeutlicht werden.

3.2 Autonomes Fahren als Anwendungsbeispiel des 5V-Modells

Beim autonomen Fahren nimmt der Bordcomputer eines Fahrzeugs dem Menschen alle Aufgaben des Fahrens ab und bewältigt jegliche Verkehrssituationen selbstständig.[39] Um das bewältigen zu können, muss das Fahrzeug das Geschehen um es herum genau beobachten können. Dafür verwenden viele Hersteller aktuell reine Kamerasysteme, deren Aufzeichnungen dynamisch analysiert werden.[40]

---

[38] Vgl. Bentele et al., 2013, S. 21f.
[39] Vgl. Paulsen, 2021.
[40] Vgl. Resch, 2018.

Abb. 2: Sicht des Tesla Autopiloten auf die Straße[41]

Als Beispiel für ein derartiges Kamerasystem ist in Abb. 2 die Art und Weise, wie der Tesla Autopilot die Straße analysiert, zu sehen. Die hier zu analysierenden Datenmengen können zwar bei Weitem nicht mit den Datenbeständen von großen Unternehmen, die Big Data Analysen durchführen wollen, verglichen werden. Trotzdem sind die Herausforderungen der Analyse dynamischer AV-Daten hier identisch und werden nur in einem wesentlich kleineren Maßstab angewendet.

Volume: Die Kamera nimmt eine große Menge an Daten auf, die Dichte an relevanten Informationen ist jedoch gering. So muss z. B. der gesamte Himmel herausgefiltert werden, da diese Daten für die Fahrt irrelevant sind. Jedoch sind die relevanten und zu verarbeitenden Informationen immer noch sehr viele. So müssen gleichzeitig die Straßen (grün), die Fahrspuren (lila und rot) sowie jedes einzelne Auto inklusive dessen Entfernung, Geschwindigkeit, Fahrspur und Fahrstatus erkannt bzw. gemessen werden. Zusätzlich kommen je nach Verkehrslage noch Schilder, Ampeln, Fußgängerüberwege und Fußgänger hinzu.

---

[41] Greentheonly, 2018.

Velocity: All diese Daten fallen während der gesamten Fahrt dauerhaft an und müssen mehrfach pro Sekunde erfasst, erkannt und verarbeitet werden. Dabei muss für jedes Objekt ständig neu bewertet werden, ob dieses ein Hindernis darstellt und ob darauf reagiert werden muss. Letztendlich müssen diese Entscheidungen sofort umgesetzt werden, denn sonst ist ein sicheres Fahren nicht möglich.

Variety: Neben den Daten der Verkehrssituation in der direkten Umgebung fallen noch verschiedene weitere Daten an, welche in die Fahrentscheidungen einfließen. So müssen z. B. die Daten der eigenen Fahrparameter (Geschwindigkeit, Bremsweg, etc.), Daten des Navigationssystems (z. B. eventuelle Staus und Umleitungen) oder auch einfache Verkehrsregeln wie „rechts vor links" mit den Informationen der Kameras verknüpft und in Entscheidungen einbezogen werden.

Veracity: Der Autopilot ist vollständig von den Daten der Kameras abhängig. Sollten diese verschmutzt sein oder z. B. aufgrund von Nebel einzelne Autos nicht sehen können, sinkt die Qualität der gelieferten Daten erheblich, da diese nicht mehr der Realität entsprechen. Das würde dazu führen, dass der Autopilot seine Aufgaben nicht wie erforderlich durchführen kann und somit Fehlentscheidungen getroffen werden. Nimmt man zusätzlich noch an, dass das Fahrzeug mit einem externen Navigationsdienstleister verbunden ist, sind die Berechnungen der Route von dessen Daten über Staus und Straßenauslastungen abhängig. Diese können jedoch nicht verifiziert oder überprüft werden und führen bei schlechter Datenqualität dazu, dass man doch auf einen Stau zufährt.

Value: Das Gesamtpaket der Daten besitzt einen intrinsischen Wert, welcher durch das Analysieren und Verknüpfen der Daten zum Vorschein gebracht wird. Aus diesen Daten kann dann der Nutzen generiert werden, dass ein Fahrzeug ohne menschliches Zutun sicher auf einer Straße fährt.

4 Fazit und Ausblick

4.1 Das 5V-Modell als Einstieg in Big Data

Das 5V-Modell dient als guter Ersatz für eine wissenschaftliche Definition von Big Data, welche aufgrund der Vielfältigkeit und Komplexität des Themas als nicht einheitlich möglich erscheint. Die einzelnen Vs spiegeln die verschiedenen Herausforderungen, die durch Big Data auf ein Unternehmen zukommen, wider und können nach der Meinung des Autors vor allem eine gute Orientierung für Unternehmen sein, welche sich fragen, ob die Analyse von Big Data für sie sinnvoll sein könnte.

Bei dieser Entscheidung sollten die verschiedenen Herausforderungen betrachtet werden. *Volume*: Die großen Datenmengen haben eine geringe Dichte an wertvollen Daten und können nicht mit herkömmlichen Ressourcen verarbeitet werden. *Velocity*: Daten entstehen und verändern ihre Bedeutung sehr schnell, auch für Echtzeitanalysen sind herkömmliche Ressourcen nicht geeignet. *Variety*: Es müssen heterogene Daten verarbeitet und aufwendig miteinander verknüpft werden, auch hierfür sind herkömmliche Ressourcen zum Speichern der Daten wiederum nicht geeignet. *Veracity*: Es muss sichergestellt werden, dass die verwendeten Daten eine hohe Datenqualität haben, ansonsten könnten auf Basis falscher Analysen Fehlentscheidungen getroffen werden. *Value*: Mit den Analysen muss es möglich sein, einen Mehrwert für das Unternehmen zu schaffen. Ob das mit den vorhandenen Daten möglich ist, kann nur mit aufwendigen Voranalysen festgestellt werden.

4.2 Die Weiterentwicklung des xV-Modells ist nicht beendet

Genauso wie Big Data ist auch das 5V-Modell noch nicht am Ende seiner Entwicklung angekommen. So werden in verschiedenen Quellen unterschiedlichste Erweiterungen des 5V-Modells genannt. Eine Auswahl hiervon sind *Viability* (Die Fähigkeit zu erkennen, welche Daten relevant für die Analysen sind), *Visibility* (Die Sichtbarkeit des Wertes der Daten), *Volatility* (Die Verfügbarkeit und Speicherdauer der Daten) und *Vulnerability* (Der Grad der

Verwundbarkeit personenbezogener Daten).[42] Insgesamt werden mit dem 5V-Modell jedoch die wesentlichen Eigenschaften von Big Data beschrieben. Doch dadurch, dass sich Big Data von Unternehmen zu Unternehmen stark unterscheidet, mag es für manche Unternehmen sinnvoll sein, ein weiteres V in dieses Modell aufzunehmen, aber sehr wahrscheinlich nicht für alle.

---

[42] Vgl. Ollmann, 2020; Vgl. Sharma, 2017; Vgl. q.beyond, 2016.

Literaturverzeichnis

Adrian, M. (2011). It's going mainstream, and it's your next opportunity. (Magazinartikel).
Abgerufen am 10.04.2022 um 15:27 Uhr von https://docplayer.net/25547909-Page-1-1-
teradata-magazine-1-q1-2011-1-2011-teradata-corporation-1-ar-6309.html.

Anweiler, R. (2015). Big Data im Marketing – nur schlaue Daten zählen. (Internetartikel).
Abgerufen am 10.04.2022 um 15:30 Uhr von https://www.bigdata-insider.de/nur-schlaue-
daten-zaehlen-a-481374/.

Bachmann, R./ Kemper, G./ Gerzer, T. (2014). Big Data – Fluch oder Segen? (1. Auflage).
Frechen: mitp.

Bentele, G./ Brosius, H.-B./ Jarren, O. (2013). Lexikon Kommunikations- und
Medienwissenschaft (2. Auflage). Wiesbaden: Springer VS.

DB Systel (2018). AIM – Acoustic Infrastructure Monitoring. (Produktinformation).
Abgerufen am 10.04.2022 um 15:32 Uhr von
https://www.dbsystel.de/resource/blob/1909786/ac9b1be3225117b47b47491144daeb9b/DS_
Acoustic-Infrastructure-Monitor-data.pdf.

Fasel, D./ Meier, A. (2016). Big Data – Grundlagen, Systeme und Nutzungspotenziale
(1. Auflage). Wiesbaden: Springer Vieweg.

Gantz, J./ Reinsel, D. (2011). Extracting Value from Chaos. (Analystenbericht). Abgerufen
am 10.04.2022 um 15:44 Uhr von https://documents.pub/document/idc-report-extracting-
value-from-chaos.html.

Gocollate Technologies (2017). The 4 V's of Big Data. (Internetartikel). Abgerufen am
10.04.2022 um 15:46 Uhr von https://www.linkedin.com/pulse/4-vs-big-data-gocollate-
technologies.

Greentheonly (2018). Tesla autopilot recognition of roadsite structures. (Youtube Video). Abgerufen am 10.04.2022 um 15:51 Uhr von https://www.youtube.com/watch?v=7ztK5AhShqU&t=25s.

ITWissen (o.J.). Zugriffszeit. (Internetartikel). Abgerufen am 10.04.2022 um 15:59 Uhr von https://www.itwissen.info/Zugriffszeit-access-time.html.

Laney, D. (2001). 3D Data Management: Controlling Data Volume, Velocity, and Variety. (Forschungsbericht). Abgerufen am 10.04.2022 um 16:01 Uhr von https://studylib.net/doc/8647594/3d-data-management--controlling-data-volume--velocity--and-variety.

Laney, D. (o.J.). Douglas Laney. (Social Media Profil). Abgerufen am 10.04.2022 um 16:04 Uhr von https://www.linkedin.com/in/douglaney.

Lapp, A. (2017). Big Data, SQL und NoSQL – eine kurze Übersicht. (Kommentar). Abgerufen am 10.04.2022 um 16:06 Uhr von https://www.bigdata-insider.de/big-data-sql-und-nosql-eine-kurze-uebersicht-a-602249/.

Laudon, K. C./ Laudon, J. P./ Schoder, D. (2016). Wirtschaftsinformatik – eine Einführung (3. Auflage). Hallbergmoos: Pearson.

Meier, A./ Kaufmann, M. (2016). SQL- & NoSQL-Datenbanken (8. Auflage). Berlin/ Heidelberg: Springer Vieweg.

Meier, A. (2018). Werkzeuge der digitalen Wirtschaft: Big Data, NoSQL & Co. (1. Auflage). Wiesbaden: Springer Vieweg.

Ollmann, M. (2020). Big Data: Eine neue Ära digitaler Kommunikation. (Internetartikel). Abgerufen am 10.04.2022 um 16:09 Uhr von https://blog.hubspot.de/sales/big-data.

Oracle (o.J.). Was ist Big Data? (Internetartikel). Abgerufen am 10.04.2022 um 16:11 Uhr von https://www.oracle.com/de/big-data/what-is-big-data/.

Paulsen, T. (2021). Autonomes Fahren: Die 5 Stufen zum selbst fahrenden Auto. (Internetartikel). Abgerufen am 10.04.2022 um 16:15 Uhr von https://www.adac.de/rund-ums-fahrzeug/ausstattung-technik-zubehoer/autonomes-fahren/grundlagen/autonomes-fahren-5-stufen/.

q.beyond (2016). Die 9 V von Big Data. (Internetartikel). Abgerufen am 10.04.2022 um 16:31 Uhr von https://blog.qbeyond.de/2016/08/die-9-v-von-big-data/.

Reinfurt, M. (2021). Big Data in Ihrem Unternehmen: 3 Wege zum Erfolg. (Internetartikel). Abgerufen am 10.04.2022 um 16:33 Uhr von https://www.incloud.de/magazin/big-data-unternehmen-datenanalyse/.

Reinsel, D./ Gantz, J./ Rydning, J. (2017). Data Age 2025: The Evolution of Data to Life-Critical. (White Paper). Abgerufen am 10.04.2022 um 16:38 Uhr von https://www.import.io/wp-content/uploads/2017/04/Seagate-WP-DataAge2025-March-2017.pdf.

Resch, R. (2018). Die Welt aus der Sicht von Teslas Autopilot. (Internetartikel). Abgerufen am 10.04.2022 um 16:41 Uhr von https://www.pcwelt.de/a/die-welt-aus-der-sicht-von-teslas-autopilot,3452346.

SAS (o.J.). Big Data – Was ist es und was man darüber wissen sollte. (Internetartikel). Abgerufen am 10.04.2022 um 16:44 Uhr von https://www.sas.com/de_de/insights/big-data/what-is-big-data.html.

Semmelmann, K. (o.J.). Was sind unstrukturierte Daten: Definition und Beispiele. (Internetartikel). Abgerufen am 10.04.2022 um 16:52 Uhr von https://datadrivencompany.de/was-sind-unstrukturierte-daten-definition-und-beispiele/.

Sharma, S. (2017). Vulnerability – Introducing 10th V of Big Data. (Internetartikel). Abgerufen am 10.04.2022 um 16:54 Uhr von https://www.datasciencecentral.com/vulnerability-introducing-10th-v-of-big-data/.

Wuttke, L. (o.J.). Was ist Big Data? Definition, 4 V's und Technologie. (Internetartikel). Abgerufen am 10.04.2022 um 16:57 Uhr von https://datasolut.com/was-ist-big-data/.